Ramona Ambs
Dichtung und Wolke

AF208708

Ramona Ambs

Dichtung und Wolke

Poetische Notizen

Bibliografische Information der Deutschen Nationalbibliothek: Die Deutsche Nationalbibliothek verzeichnet diese Publikation in der Deutschen Nationalbibliografie; detaillierte bibliografische Daten sind im Internet über http://dnb.dnb.de abrufbar.

Die automatisierte Analyse des Werkes, um daraus Informationen insbesondere über Muster, Trends und Korrelationen gemäß §44b UrhG („Text und Data Mining") zu gewinnen, ist untersagt.

www.poesietherapie-federmensch.de

Korrektorat: Peter Krauss
Bilder: Ramona Ambs/Pixabay

Verlag: BoD · Books on Demand GmbH, In de Tarpen 42, 22848 Norderstedt

Druck: Libri Plureos GmbH, Friedensallee 273, 22763 Hamburg

ISBN: 978-3-7693-1278-2

Bereshit nuage

am Anfang
schuf Gott sich
eine Wolke.
himmellos
flog sie durch das Dunkel
und Gott sah, dass es
~~gut~~
einsam war.
und so schuf er sich
zimzum die Welt um die Wolke,-
den Himmel und die Erde
die Sterne und den lieben Mond
und dann
ein paar Wolkengucker
und er sah, dass es gut war.
und die Wolke
hatte sich ein Du.
und ich mir
eine Wolke!
Was für ein Anfang...

la semaine

montags bin ich Prophet
dienstags bin ich Poet
am mittwoch putz ich meine Schuhe
und meine Seele
staub ich ab
donnerstagabends
schreib ich Geschichte
freitag und shabbat
les ich Gedichte
und jom rishon?
dem Sonntagstag?
da hab ich uns lieb
wie jeden Wochentag.

homeless

ich nirgendwoe
durch die Straßen
es heimatet mich
wenn ich die Fassaden sehe.
am liebsten
wär ich hier zuhaus.
Die Häuser schauen jeden gleich an.
manchmal sieht es sogar so aus
als würde man auf mich warten.
wie gerne würde ich an den Türen klingeln
wie gerne
in die Flure schnuppern, durch Räume gehen,
wie gerne
würd ich sein...
aber überall wohnt schon jemand
der mich nicht vermisst.

nirgendwoen

ˈnɪrgn̩tvoːən

_____

nir:gend:wo:en

schwaches Verb, da sich die angestammte Traurigkeit bei der Bildung des Präteritums und des Partizip Perfekts nicht ändert.

Bedeutung:
ohne wahrgenommene Existenz suchend herumstreunern

Konjugation:
Präsens:
ich nirgendwoe
du nirgendwost
er/sie/es nirgendwot
wir nirgendwoen
sie nirgendwoen
ihr nirgendwot

MAL HIER DEINE EIGENE RAKETE!

Bau mir eine Arche

Bau mir eine Arche
ne Rakete
ein Versteck
einen Ort
wo uns die Blauen nicht finden, wo
kein Meer uns tötet und keine Mörder-
einen Ort
ein Versteck
dem Himmel ganz nah
ne Rakete
eine Arche - Bau sie heute
Bau sie jetzt.
Sei Noah mir. Sei Mensch Deinem Spiegel.
Beeil Dich, vergiss nicht
das Wasser steigt und
Gott versteht nichts von Schiffbau!
Bau mir eine Arche
noch heute.
ne Rakete
Bring mich einfach
zu nem andern Stern.

Drinnen

in meinen Träumen läutet es Sturm
sagt Mascha
obwohl niemand klingelt
am Judenhaus
dabei würden wir so gerne
die Türen öffnen
und Euch
mit einer fröhlichen Blume empfangen
beim Tee
Judiths Tiger einladen
und Streuselkuchen essen!
Ach-
was wären wir für eine nette Runde...
wenn nur mal jemand Sturm läuten würde.

Glashaus

im Steinhaus sitzen
und mit Gläsern werfen
ist nix für mich.
ich sitze lieber in einem Haus aus
bunten Glassteinen
und betrachte das farbige Licht...
Wer im Glashaus sitzt
soll nicht mit Steinen werfen.
aber warum sollte man auch.
Wer im Glashaus sitzen darf,
ist doch ungeheuer glücklich.

Militärpoetische Analyse

man hat mir
außer Worten
keine Waffen gegeben.
ich bin Dichter und kein Soldat.
meine Augen sind schwarz.
meine Buchstaben Pfeile,
schnell, spitz und scharf.
ich feile und feile, meine Finger sind rot.
die Verzweiflung ist ein guter Bogen,
den man endlos spannen kann.
ich kann zielen.
ich kann fluchen.
meine Worte treffen immer.
ich kann verletzen
sogar töten
ich bin der Held der Buchstaben,-
die Soldatenkönigin der Worte-
meine Finger sind rot.
meine Tinte ist Wut.
ich schieße die Pfeile gen Osten
meine Augen sind grün.
meine Worte fliegen durch die Luft
→
und stürzen sich
ins Meer,
noch bevor der Feind sie gelesen hat.
meine Hände sind rot.
meine Augen sind grau.

beschämt mein Gesicht.
ich habe
die Pfeile
in der falschen Sprache verschossen.
Tyrannen kennen keine Poesie.

noch

noch ist das Wort
der Stunde.
noch   sind sie nicht hier
noch   können wir das und das.
noch
Soviel Hoffnung in vier Buchstaben.
Und soviel Angst.
noch
noch ist in englisch still
im Krieg ist es laut.
noch
noch sind sie nicht hier.
noch können wir das und das.
noch
Das noch geht umher mit einem Bindfaden.
             suchend
wenn man nur irgendwo anknüpfen könnte..
an einem Bindseil die Welt retten
mit einem Wort
noch

so tapier es doch!

ich mal in zierlicher Manier
einen Tapir
auf mein Papier
mit smokey-eyes und am Klavier
als grandioser Kavalier
weil ich es einfach nicht kapier
wie man als solch melodisch Tier
soviel Plaisier
und soviel Zier
ja beinah Gier
in mir
auslösen kann. Ich verlier
hier
schier
meinen Kopf. Wisst Ihr?

Die Rache der Rose

Sah ne Ros ein Knäblein stehn,
Knäblein auf der Straße
der war cool und megaschön
lief sie schnell ihn nah zu sehn
sprach: Na Du mein Hase.
Knäblein Knäblein Knäblein Du
Knäblein auf der Straße.

Rose sprach: ich nehme dich
Knäblein auf der Straße
Knäblein jammert:tu das nicht
darauf bin ich nicht erpicht
hab ne miese Phase
Knäblein Knäblein Knäblein Du
Knäblein auf der Straße

Und die wilde Rose nahm
s`Knäblein auf der Straße
Knäblein wehrte sich und sprach
helft mir doch! oh weh und Ach!
die Rose in Ekstase
Knäblein Knäblein Knäblein Du
Knäblein auf der Straße

Lost place
für Parfen

der Ort, der vergessen wurde
im maroden moosgrau,
zurückgelassen
einst
an einem Morgen, der sich Aufbruch nannte,
dort, wo Ruinen und Lupinen blühen
dort
wo niemand mehr
etwas sein will, dort
kannst Du
mittags um acht
Deine Seele finden
in einem staubigen Spiegel ohne Bild,
wenn Du nur willst.
Dein fehlender Flügel
flattert
im Verlorenen
zwischen den Trümmerträumen
in einem alten Mauergeäst-
Du musst ihn nur anpusten
dann kannst Du
ins gestern fliegen, wo keiner Dich kennt
und Dein Morgen wartet.

Die mit Tränen säen, werden mit Jubel ernten. Hat Jesaja gesagt. Der Mann hat keine Ahnung vom Pflanzenstoffwechsel. Die wenigsten Pflanzen gedeihen in Salzwasser… aber dropsdem hat er recht: wenn denn doch mal was wächst, flippt man schier aus vor Freude!

Museum, leise vor sich hin summend

ich bau mir
ein Museum von Dir
weil Du nie da bist
wo Du sein sollst
hier bei mir
nämlich
das Museum
nenn ich Musesum
weil Musesum
viel schöner klingt
an der Pforte
musst Du Deinen Mantel abgeben
und Deine Schuhe
außerdem Deine
Baskenmütze
auch Deine Hose und die Socken
lässt Du besser da
und wer braucht schon ein Hemd
wenn er durch sein eigenes Museum geht?
komm also nackt
die Treppen empor und schau Dich um.
So viele wunderbare Bilder
hängen hier von Dir.
mit goldenen Rahmen
von Leuchtern bestrahlt.
jedes einzelne
ein verliebter Spiegel.

Gedichte mit Giraffen

wenn es dunkelt
schreib ich mir
Gedichte mit Giraffen
so hoch
dass sogar Gott
nicht an ihnen vorbeihören kann.
jede Träne
lässt die Buchstaben wachsen.
jedes Glück
macht sie savannenschön
das ganze Alefbet stapel ich
in ein langes Lied an Gott
alef bet gimmel dalet hej vav sejn...
bischwili nivra haolam
בשבילי נברא העולם
jeder einzelne Buchstab
erschaffen für mich!
Vergesst den Turmzwerg zu Babel
die Giraffe ist groß
braucht nur eine Prise Poesie
täglich mit etwas Vogelbrot
dann ist sie
beinah ein Gebet
für Rachmones
hoch oben
aus den Tiefen unserer Welt
Amen.

Huhn oder Ei?

wenn ich ein Ei
in der Erde
vergrabe
wächst mir
ein Huhn
das geht so:
man muss
es nur gießen
und ihm schöne Lieder singen
dann wächst ein Stengel
mit Bommel
eine kleine Blume schließlich
in deren Mitte das kleine Huhn
sitzt
und gackert.
    weshalb auch einfürallemal
      die Frage geklärt ist
      wer zuerst da war:
      die Erde nämlich.

Higgsteilchen

Onkel Albert hat recht.
Gott würfelt nicht.
Aber er hat
Schluckauf.
Higgs.

Himmel und Hölle

Du bist Kind - oder im Krieg,
wenn Himmel und Hölle
nur einen Steinwurf
voneinander
entfernt
sind.

dann brauchst Du
einen Stein mit Flügeln,
einen Gott, der wirklich rettet,
oder wenigstens ein bisschen Glück.

um der Hölle zu entgehen.

Am besten nimmst Du den Stein.
Der ist zuverlässiger als Gott
und weicher als Glück.

Mal ihm Flügel auf den Rücken,
sing ein Wolkenlied und wirf
ihn Richtung Himmel
Das Blau ist Dein! - wenn Du Dir traust...

Der Stein, er fliegt, fliegt... fliegt,
wie Steine eben fliegen
wenn sie Flügel aus Kreide haben
und zu viel Zweifel im Gepäck...

zu
viel -
ein leichtes Spiel
für die anderen.

Gott und das Glück
sind windige Gesellen
Sie pusten Deinen Felsvogel
hin, wo das Angstgeäst gedeiht.
Niemand hat die Absicht einen Stein zu werfen.
niemand,
um der Hölle zu entgehen.

Gedicht von

Gedicht von einer die sich auszog das Fürchten zu verlernen.
Gedicht von einer die auszog mit Füchsen zu lernen.
Gedicht von einer, die fürchterlich zog.
Kein Gedicht, nur ein Zug
aber am Ende
sie.

Unglücksraben

Jemand muss den Unglücksraben lieben
jemand.
Jemand wie ich
Jemand also ich
zumal er mir ähnelt
mit seinem schwarzen Kopf
flaps flaps
zumal niemand ihn liebt
oder bei sich haben will
Pechvögel haben schwarze Federn
flaps flaps
jemand und niemand
der Unglücksrabe
hat schwarzes Gefieder
und einen Schnabel
wie ein Schwert
wie ich
ein Niemand,
der durch die Liebe zu schwarzen Vögeln
ein Jemand wurde.
flaps
flaps

Zu Betlehem geboren
-jewish version-

zu Betlehem geboren
ward einst ein kleiner Jud
von Christen auserkoren
als Heiland-Beutegut
oyvey oyvey als Heilandbeutegut

man schickte hin drei König
mit Goyimnaches fein
der Stall roch nun nach Weihrauch
Welch seltsamer Verein
oyvey oyvey welch seltsamer Verein

dann lernte er die Toyre
und fand sie echt nicht schlecht
Zedaka er befeure:
Seid keinem nischt kein Knecht!
oyvey oyvey seid keinem nischt kein Knecht!

Sie ham ihn nicht kapieret
die hohe Christenheit
und dennoch wolln sie feiern
des Juds Geburtstag heut!
oyvey oyvey die hohe Christenheit!

Chanukkah 2023

Gott ist
so schrecklich allein
er friert sich
in der Welt,
die ihn vergessen hat.
wir sollten ihn
dringend
zu Chanukkkah einladen,
damit er
Tag für Tag
Licht für Licht
langsam
zu dem auftaut
um mit uns
die Welt zu retten
hundertachtunddreißigmal
mindestens.

al Buraq

Mein Pegasos ist ein Esel
er trägt mich
Dichterkind
durch die Welt.
Statt kräftiger Schwingen
trägt er
einen Storchenflügel im Herz,
mit dem er
vom Fliegen träumen kann,
wenn er mich trägt.
al Buraq
ist sein Name
denn Storchflügel
wachsen nur in Träumerherzen.

mein Haus

nicht das Abendland
nicht das Morgenland
ist mein Zuhaus
im Nachtland
in der Buchstabenstraße
dort
steht mein Haus
oben
in einer alten Weide,
die mir abends
Majses redet, solange
bis die Vögel ihr Morgenlied singen.
Klein ist mein Haus
und hat viele Zimmer
winziggroß sind sie
passt alles rein,
was ich dichte
es ist wichtig, dass Häuser dicht sind
wenn die Stürme der Welt angreifen.
Jede Zeile
ist Silikon am Fenster
jedes Wort
hält uns warm
mich
und mein Haus.

hör mal israel

hör mal israel
mein Volk und
Du Land, was uns grad
mal wieder Heimat ist
am Abend, wenn die schwarze Milch getrunken
und der Honigtau des Morgens fern ist
hör mal, auch Du, unser Gott,
wir sind durstig
wir rufen
schma jisroel adonai elohenu adonai echad
wir schreiben die Worte auf Türen
wir singen sie in die Herzen unserer Kinder
wir malen sie mit bunten Melodien in Deine Welt
wir rufen und rufen
wir sind
so
durstig...
schma isroel
hörst Du uns?

hör mal israel
mein Volk und
Du Land, was uns
kein sicherer Ort ist
nicht dort und nicht hier
wohl nur in den Lüften

im Jerusalem der Wolken
Hebräerland im Himmel
ein Tempel mit Storchenflügeln
adonai elohenu
adonai echad
hör mal Elohim scheli,
wir sind so durstig
so durstig
nach einem sicheren Ort
einem Platz zum atmen
im hier und im überall
am liebsten
in Deinen Menschen.
amen.

Ode an Eli Copter

Freude, schöner Götterfunken
Copter aus Elysium,
Wir betrachten feuertrunken,
leeren Himmel :) dumdidum
Du Drehflügler gingst hernieder
horizontal nur hinab!
Alle Menschen werden Brüder,
als Dein Rotor wurde schlapp!
Wem der große Sturz gelungen,
als senkrecht startender Held
hat sich Ehre wohl errungen
denn er rettet unsere Welt!
Seid umschlungen, Millionen!
Dieser Kuß der Schwerkraft frönt!
Schwestern zwischen allen Wolken
hat ein alter Gott geföhnt.
Eli Copter war sein Name!
Eli Copter zog die Bahn!
möge ihm Huub Schrauber folgen
Hubiizid als Friedensplan!
Freude, schöner Götterfunken
Copter aus Elysium,
Wir betrachten feuertrunken,
leeren Himmel :) dumdidum

Krieg

in mir Gewitter

Nur einmal pusten
und dann ist alles wieder gut.
Ich puste und puste
aber nix is gut.
Das ist Krieg.

einmal wieder
Firlefanz machen.
so tun, als sei die Welt
gut
und die Menschen
schön

nur einmal pusten
und dann ist alles wieder gut.

mein blauer Tiger

mein Tiger ist blau
und kyrillischgelb.
seine Tatze ein Rad.
Mit ihm kann man
beinah
den Bomben entkommen.

mein Tiger ist blau
und kyrillischgelb
sein Name ist Myr.
und tapfer
sein Herz.

mein Tiger ist blau
und kyrillischgelb.
und ich nur Papier

Im Jahr des Tigers
kann man
nur mit einer Katze aus Holz
die Welt
für einen Augenblick retten.

morgen

weißdu
ich habe nachgeschaut
es gibt ein morgen
auch wenn man es nicht sieht.
es wächst sich
im Traum,
der ein Garten ist, wenn Du ihn liebst.
es gibt ein morgen
Du musst nur
einfach im dunkeln weiter gehen.
Der Wind ist Dein Freund,
auch wenn er vom Herbst singt.
der Nebel sieht schön aus
wenn Du es willst
und die grauen Regenwolken
sind nur luftige Himmelstiere
hungrig nach Sonne
und blau,-
wie Du.
glaubmir,
es gibt ein morgen.
ich habe nachgeschaut
weißdu?

Taschlich

Klopfe Deinen Mantel aus
schüttle Deine Taschen leer
einmalzweimaldreimal
Taschlich!

Wirf weg Deinen Kummer
lass
die grauen
Gedanken
fort schwimmen...
in Deinen Sorgen
sollst Du nicht ertrinken
nichteinmalnichtzweimalnichtdreimal
Taschlich!

Sei Dir Dein eigenes Boot
wirf das Ruder weg
Vertrau dem blau
seines Wassers, es wird
Dich an eine Insel tragen
die Dich trägt
auch wenn die ganze Welt weint.

Mona(den)thron

zwischen den Stühlen
nice place to be
nicht besonders bequem,
-aber die Aussicht:
PHANTASTISCH

Habe mich mit einem Physiker unterhalten. Habe ihm all meine poetischen Ideen zur Gestaltung unserer Paralleluniversen unterbreitet. Außerdem hab ich eine Menge poetischer Theorien zur dunklen Materie und warum das Universum immer schneller auseinander driftet. Und die hab ich ihm alle erzählt. Hab ihm auch gesagt, dass ich das Alter des Weltalls bezweifle, weil ich ja auch viel älter aussehe, wenn man mich mit einem Teleskop anguckt, statt mich mit Liebe zu betrachten. Habe ihm gesagt, dass sie künftig Gedichte lesen sollen, während sie in den Sternenhimmel glotzen. Oder wenigstens Zigaretten rauchen. Aber er wollte davon nichts hören. Er war halt eben doch nur Physiker,- Kein Dirac, kein Dawkins...nur ein banaler Naturwissenschaftler ... schade.

Krokodilsgedicht postmortem

für Pjotr Kapiza

Kapitza,
Du olles Pendel
Deine poetischen Krokodile
machen mich glücklich
wie Helium-4
echt immer
wenn die Menschheit besonders böse ist
zaubern sie mir
ein Lächeln ins Gesicht
und verscheuchen die Tränen
wie ein Krokodil am Nil.
Jetzt bist Du ein Asteroid
ein Hauptgürtelsternchen
bewegst Dich mit 19,76 km/s durch den Himmel
und manchmal denk ich
ich hab Dich leuchten sehn
im Sternbild des Krokodils
und woanders.

Die Frau aus Sodom

Man muss gar nicht nach Sodom fahren, um die Frau aus Sodom zu treffen. Sie steht nämlich auch abends am Ausgang der Tiefgarage der Famila-Galerie, dem großen Einkaufszentrum im Süden der Stadt. Sie steht da und wartet auf Kundschaft, obwohl an dieser Stelle offiziell kein Rotlichbezirk ist. Sie trägt eine grüne Cordhose, einen Micky-Maus-Pulli, eine rosa Regenjacke mit silbernen Leuchtstreifen an den Ärmeln und ein schweres Schicksal. Letzteres sieht man in ihrem Gesicht und ihrem Standort. Im Gesicht sind es weniger die Furchen und Falten, die davon erzählen, als die Augen, die keinen Blick zurück wagen. Ich kenne sie schon ewig und manchmal, wenn ich Zeit habe, unterhalte ich mich mit ihr. Sie erzählt von ihren Kunden oder dem Hasen, den sie zusammen mit einem Meerschweinchen zuhause in ihrer Wohnung hält, manchmal schimpft sie über die Preise am Wurststand, die schon wieder gestiegen sind, obwohl sie doch ohne "Bockwurst vorher" nicht arbeiten kann. Wie die Frau aus Sodom eigentlich heißt, weiß ich nicht. Spielt aber bei uns keine Rolle. Sie kennt meinen Namen auch nicht. Außerdem kann ich mir Namen, die ich selbst vergebe, besser merken. Deshalb heißt sie ja auch Frau aus Sodom. Bei ihr heiß ich die Frau mit den verrückten Haaren. So begrüßt sie mich immer. Das ist ein schöner Name für mich. Sie ist überhaupt nett. Einmal hab ich versucht, sie mit einer Frage nach ihrem Sodom zu locken, also nach ihrem woher und warum, aber sie hat das Thema gewechselt und die Blickrichtung beibehalten. Ihr Sodom ist immer dabei, aber sie blickt nicht zurück.

Verschließe nicht Dein Ohr

Verschließe nicht Dein Ohr
lass die Leute reden
und öffne Dein Herz.
"es wurde schon alles gesagt"
kreischen die Ungeduldigen,
die schon eine Meinung
in der Tasche haben
"ich weiß Bescheid"
sagen sie
in Salomonis Seide
...
und kriegen deshalb nicht mit
wie jemand etwas sagt,
was sie noch nie gehört haben
und was eine Welt verändern
könnte

MAL NOCH NE RAKETE!

Merke:
Raketen
malen
will

geÜbt
sein!

Nicht einschlafen

nicht einschlafen
nicht einschlafen, Du,
auch wenn Dich die Dunkelheit lockt
ich weiß, Du bist müde
und der Schlaf ist Dein Buhle,
der Träume verspricht
und ein Morgen...
Dir, Dich und Dein
nicht einschlafen, Du,
Du, Dein und Dich
hörst Du?
nicht einschlafen,
da drüben ist Krieg
und die Mohnblumen blühen.
sie wussten von nichts
im Erdenschlummer
doch Du weißt es. Du weißt es.
nicht einschlafen, Du.
da drüben ist Krieg
da drüben
Vergiss nicht,
sie sterben einsamer
wenn wir einschlafen
es ist Krieg
und die Mohnblumen blühen.
nicht einschlafen.

Inventur

David hatte keine Chance
Er hätte sich
besser gleich ergeben sollen.
sagt Goljat,
- der wohnt jetzt in Mariupol
und nachts in Berlin.
Goljat
denkt an die Kleinen.
man soll doch
kein Blut vergießen, sagt Goljat,
der Große
und reibt sich die Hände.
die Kornblumen blühn rot.
die Sonne scheint schwarz.
und Finsternis friert sich auf der Erde.

Dabei ist der Frieden
nur einen Steinwurf entfernt.
David hat eine Schleuder
und Mut,
Verzweiflung und einen Namen

alles was ihm fehlt
sind unsere Steine.

Haggadah nouveau

Er hat uns ein Meer geteilt
ein Wasser aus Tränen
Er hat uns Buchstaben geschenkt
auf einem Berg.
seither
zimzumt er vor sich hin.
ganz leise hört man sich
seine Melodie
ha laila haze und kol hazman.
הלילה הזה וכל הזמן
sein Lied, es singt
wir sollen kadosh unsere Meere teilen
dass niemand mehr
eins weinen muss
und dann darin ertrinkt.
echad- ani jodaat.
אחד- אני יודעת

ein Strohhalm ist mein Gott

ein Strohhalm
ist mir mein Gott
keine feste Burg, kein Wehr
schon gar kein Feld -
mit Wörtern
hat er uns bewaffnet,
die wachsen auf dem Acker der Liebe
der Dir blüht.
ein Strohhalm
ist mir mein Gott
ein Löwenzahn
vielleicht
weil er uns wie
ein Löwe sucht, sagt Ijob,
der seinen Löwen sucht
und nur
Pusteblumen findet
ein Strohhalm
ist mir mein Gott
ein Buchstabe aus Melodie
in Moll
ein neues Lied, ein besseres Lied
will ich uns hier dichten
eine Hymne vielleicht
eine Marseillaise für einen Strohhalm
der uns hält.

Gedicht mit Fleecejacke und Kapuze

für KD

und draußen
tun die Blätter so
als sei beinah schon Herbst.
Sie erröten heimlich
sie flüstern noch grün
woanders is Frühling woanders
sie kennen uns.
sie finden sich schön.
sie tanzen im Herbstwind, wenn er nicht weht.
sie halten sich fest am Baum, von dem sie nichts wissen.
sie rascheln mit der Katze, die es nicht gibt.
woanders.
und Du stehst da
scheu wie ein Novembervogel
im Mondlicht
versteckt im Fleece
Deiner Jacke,
die auch mich wärmt, wenn es dunkelt.
woanders und hier.
Und unter Deiner Kapuze
ein Bonbon, ein Schnabel und ein Gesicht
und der Duft blauer Schokolade
in Deinen Augen
beinah hier im Herbst
und woanders.

Verstörung

Du singst mir
garstige Gedichte
wenn ich Dir nahe komm
während
ich stehen bleibe.

Du schlägst mir
Deine Hand ins Gesicht
die mein Haar
streicheln wollte
als es traurig war.

Du schaust mir
nicht nach
wenn ich fort geh
während
Du schweigst.

Nur zwei nackte Füße

eigentlich wolltest Du nie
mit mir gehen.
und hast mich doch begleitet,
uns kleine Inseln der Nähe gebaut
aus Karamell; und vier Füße in die Luft gemalt.
Wenn es Dich dunkelte
hab ich Deine Hand berührt
ein zärtliches Licht, ein jüdischer Baum.
Meine Zuneigung
eine Tüte bunter Bonbons und ein Schirm
für Dich auf dem Weg.
Leider kein Drops für mich.
Deine Hosentasche war leer.
Meine fragenden Augen
Dir Bedrohung.
Mir Mohn.
in meiner dunklen Minute
bist Du abgebogen
hast mich auf der Strecke gelassen.
ich habe auf Dich gewartet. Gedichte in den Sand ge-
schrieben
und Vögel aus Bonbonpapier gefaltet.
ich habe auf Dich gewartet. ich habe Katzen aus Kisten
befreit.
ich habe auf Dich gewartet. auf Dich gewartet. gewar-
tet...
ich gehe jetzt weiter...

und sehe mich immer noch nach Dir um.
fassungslos... suchend...
allein zur Karamellinsel
mit nackten Füßen
und ohne Bonbon.

Kugelfischträume

ich möcht
in Deinem Aquarium leben, Gott.
dort bei den Korallen und dem Seegras
dort, wo jeder ein Goldfisch ist
auf Seepferdchen galoppiere ich morgens
zu meiner Arbeit in der großen Muschel, die
Deine Lieder hört,
nachmittags
male ich mit dem Kugelfisch
Bilder in den Sand
und abends blicke ich
durch das Blau
des Wassers
zum Blau
des Himmels
und spreche ein Dankesgebet,
dass Du mich nicht als Mensch geschaffen hast.

Der Karneval der Tiere

Igel hieß die Ratte, die zwischen seinem Hemd und seinem Bauch lebt. Igel. Dabei hat die Ratte keine Stachel und auch sonst keine Ähnlicheit mit dem Tier, das immer schon da ist, wenn der Hase auf der Strecke bleibt... aber Groggi, so heißt der Mann, dem die Ratte gehört, fand dass Igel ein sehr passender Name für seine Ratte ist. Groggi hat neben Igel auch noch einen Hund, den er Fisch genannt hat. Der Hund heißt Fisch, weil er eigentlich lieber einen Fisch gehabt hätte. "Eigentlich ein ganzes großes Aquarium" erzählt er mir begeistert, "aber auf der Straße kann man nicht dauernd ein Aquarium mit sich rum tragen. Außerdem braucht ein Aquarium ja Strom!". Sein Fisch wedelt mit dem Schwanz und läuft aufgeregt um Groggi rum.

Ich setz mich zu ihm auf den Boden und er teilt die Brezeln, die ich mitgebracht habe gerecht zwischen sich, Igel und Fisch. "eins für Groggi, eins für Igel, eins für Fisch" sagt er. Nur die Stücke sind unterschiedlich groß. "Hast Du jemals ein Aquarium gehabt?" frag ich ihn. Er nickt und schüttelt gleichzeitig den Kopf. "In der Schule hatten wir eins, im Klassenzimmer. Aber da hat irgendein Wichser dann Spüli reingekippt und ich hab den Ärger gekriegt, weil sonst immer ich den Ärger gemacht hab. Aber das war ich nicht. Aber auch egal. Bin dann auch eh nicht mehr hingegangen. Schule is nix für einen wie mich. Und als ich dann Fisch bekam, also meinen Hund, da wars eh aus. Den kann man ja nicht mitnehmen in die Schule oder zur Arbeit. Und deshalb wohnen wir jetzt hier draußen." Ich nicke und schaue zu wie Igel, also die Ratte, wieder in seinem Hemd verschwindet. Wir bleiben schweigend sitzen und schauen uns die Menschen an, die an uns vorbeischwimmen im Trubel der Einkaufsstraße. Graue Unscheinbare, gelbe Reisende und rote Paradiesfische. Eigentlich auch ein Aquarium...

Glühwürmchen und ich

ich bin kein Fackelträger
ich gehe nur
mit meinem Glühwürmchen spazieren
wir leuchten nicht hell
wir flimmern nur zart
und dennoch empört sich ein Herr,
wir hätten
ihm den Bart versengt
mein Glühwürmchen und ich.
als ob!

Ode an Dreieinsvier

Man hört Dich im Piano
Man sieht Dich im Piquet
am schönsten jedoch
bist Du
im Opium.
Sie sagen, Du seist irrational.
Doch sie glitzern nur mit Kettenbrüchen.
Sie haben einfach nicht lang genug gezählt.
auf Dich.
Dabei kannst Du
uns ewig und alles erzählen, -
wenn man nur die Zeichen tauscht.
Geliebtes Perimetroskind
unendlich groß
und dennoch ewig kleiner als vier.
Man sollte Dich zärtlich
mit Mandelbrot füttern...
sogar im Epilog
versteckst Du scheu Dich
und am Ende vom
Okapi.

Und wenn ich wüsste, dass morgen die Welt untergeht, würde ich heute noch die Judenbuche lesen.

Smolki

ein Wuschel auf vier Pfoten
bist Du mir
kein Rollator, keine Stadt
und auch kein Skigebiet
einfach nur
eine kleine schwarze Nase
und Augen
mit Schmelzfaktor
neschume
mit weichem Fell
mir beshert

Patu et moi - ich und Patu

Sie sagen Giraffen
haben lange Beine
wie Lügen.
Sie sagen Giraffen
haben ein Fellmuster
einzigartig wie ein Fingerabdruck.
Sie sagen Giraffen
haben einen Hals bis zum Himmel.

Die reden
soviel Unsinn
die Leute,
weil sie
meine Giraffe
nicht kennen.

Die schönsten Giraffen sind
klein, dick und grau.
Sie heißen Patu
Sie wohnen bei mir
und am Meer.

Melodie unser

in Deiner Fußnote
tanzt sich
mein Moll
in ein kringeliges Du
eine melodische Anmerkung
zu Deinem Ich,
das Gott so schön
komponiert hat
für uns.

Wiblusalemblume

ich erfinde eine Blume
die Gott
zu erfinden
vergessen hat.
ich nenne sie Du.
d
u
Die anderen sagen
WildeBlumemitBlätternrotwieSturm zu ihr.
oder kurz:
Wiblusalemblume.

Ich male sie ins Herbarium
und auf die Straße.
ich grabe allerlei Nüsse ein.
eine Murmel
und einen bunten Stein.
auf dass die Blume wächst.
ein d
und ein u
damit Du blühst
im Frühling.

Peschghobt

Ich komm vom Nebelgucken am Fluss. Das war schön, weil man so früh morgens die alte Stadt und den Fluss fast für sich alleine hat.... im Herbst sehen die Nebelschwaden aus wie suchende Wolken, die sich im Wald verirrt haben. Oder auch wie Drachenrauch, der aus den Höhlen im Berg den Hang hinaufkriecht.

Ich warte bis sich die Nebel verzogen haben und hinter dem Hügel die Herbstsonne auftaucht. Dann ist mir so kalt, dass ich durchgefroren zum Bismarckplatz laufe. Und da steht er. Vielmehr tigert er da hin und her. Bleibt immer nur kurz stehen, zuckt dann ratlos die Schultern und lässt sie mit einer verächtlichen Bewegung wieder fallen. "Peschghobbt!" ruft er, geht ein paar Schritte vorwärts und wiederholt es. Peschghobbt. Pech gehabt soll das heißen, aber er sagt es wie ein Wort, wie einen Namen. Den Namen eines guten alten Bekannten, dem man nicht begegnen will. Nicht am Abend, nicht im Sommer- und schon gar nicht an einem kalten Novembermorgen.

Pechghobbt sagt er wieder. Zu sich selbst. Sonst redet vermutlich keiner mit ihm. Ich auch nicht, denn ich will mir meine schönen Morgenwolken nicht durch seine Bitterkeit kaputt machen lassen. Aber natürlich funktioniert das nicht. Es funktioniert nie, weil ich das dicke Fell, von dem ich immer behaupte, dass ich es habe, nie bessesen habe. Das fällt nur deshalb niemandem auf, weil dicke Felle unsichtbar sind. Man weiß nicht, wer eins trägt und wer völlig nackt vor einem steht. Ich tu immer so, als sei ich mega eingehüllt, dabei bin ich-wie der Kaiser in seinen neuen Kleidern- völlig nackt. Und natürlich trifft mich das Peschghobbt wie ein Peitschenhieb.

Also hebe ich doch die Augen und schaue den Mann an, ob er reden möchte oder wenigstens einen freundlichen Blick haben will... aber er schaut nicht zu mir, schaut niemanden an. Läuft nur unruhig umher, zuckt mit den Achseln und ruft Peschghobbt. Wahrscheinlich ist Peschghobbt das Wort, was er am häufigsten gehört hat in seinem Leben..."Pech gehabt" ist der kürzeste mitleidloseste Satz, den man sagen kann, ohne sich schuldig zu fühlen. Eine moralische Bankrotterklärung, die einem leicht und lässig über die Lippen geht. Und wenn man den Satz auf ein Wort reduziert, dann muss man sich noch nicht mal sprachlich lange mit dem Unglück des anderen befassen. Oder auch mit seinem eigenen Unglück, was so groß ist, dass die Fassungslosigkeit darüber lebenslang anhält. Und wenn man kein dickes Fell hat und auch sonst keinen, der einen schützt und ummäntelt, dann schlägt man sich am besten auf die Seite derer, die viel Glück, aber wenig Mitleid haben. Die, die anderen das Pech bescheinigen, wenn man von den falschen Eltern, am falschen Ort geboren wurde. Vielleicht ist Peschghobbt ja auch seine heimliche Zauberformel, um zumindest für den Moment des Aussprechens auf die andere Seite zu kommen. Einen Augenblick in der Position dessen sein, der bedauern darf. Dann ist selbst ein Kaiser ohne Kleider immerhin noch immer ein Kaiser.

Maskerade nafschi

ich puder mir die Nase
das ist wie Seele streicheln
nur außen
und dann zieh ich mir
mein Draußengesicht an
damit ich nicht so nackt da stehe,
wenn ich mich vor den Leuten
nackt mache
man muss sich nämlich verzieren,
wenn man sich ungeschönt
neschumig
zeigt.

eine weiße Wolke

eine weiße Wolke
wollte
dideldum
mal im Wald spaziern
und drumherum
drum suchte sie
ihr graues Kleid
und ging ganz fade
als Nebelschwade
damit kein Has, kein Rehgeböcke
sich vor dem Weißgewölk
erschröcke.

Kling dahin

Kling Glöckchen kling dahin,
auf Seele auf und säume nicht.
es weihnachtet sehr. Wir hängen
iranisches Frauenhaar als Lametta in den Baum
das glitzert so solidarisch
und nadelt nicht... so schmerzhaft wie
der Krieg gegen Gott,
bei dem man die Menschen wie Lametta
an die Galgen hängt. Kling Glöckchen.
Kling dahin,
die Hoffnung baumelt
am Tannenzweig. wenn er nicht bricht.
auf Seele auf und säume nicht.
Frohlocket,
ein Rothschild wurde uns geboren!
..... - Hauptsache Geburtstag.
mit Blümelein, Gebet und Ros
Josef, Mariupol und Jesus.
nur kein Hirte nicht. nirgends.
Ihr Kinderlein kommet, oh kommet doch all,
aber achtet bei der Einreise darauf,
nicht im Meer zu ersaufen in Ewigkeit. Amen.
Morgen ist das Fest der Liebe.
Morgen. Oder ein andermal.
Kling dahin.
Kling. - הושיעה נא

Laubhüttenfest

Bau mir eine Sukka
mein Freund
ein Haus aus Palmen und Luft
Birg mich unter Bachweiden;
mit Myrten flicht mir einen Traum
eine Wolkensäule als Schutz
ein Blätterkleid zum Fest
Sei Lulav mir, sei Freund.
Sag dem Ölbaum
er darf wachsen,
auch wenn er es nicht glaubt.
Bau mir eine Sukka
mein Freund
Sei Baum,
wenn wir uns
wieder
vor der Welt verstecken,
weil wir die Bücher feiern
in einer Hütte aus Laub.

mein blauer Mantel

mein blauer Mantel
mon manteau bleu
Du bist mein Vogel
und mein Boot
mein November in Paris
hab mich in Sehnsucht verkleidet
ich bin Himmel
ich bin Meer
תכלת
und nah
bei Gott, der seinen
blauen Mantel um mich hüllt
wie ein Gebet
sein blaues Gedicht
am Abend
ein sanfter Baum ist Haus mir
wenn keiner mir sonst Heimat sein will.
mein blauer Mantel
mon manteau bleu
Du bist mein Vogel
und mein Boot
und mein November in Paris.

siebenundvierzigelf

für Opsel

siebenundvierzigelf
riechen und wieder Kind sein
und Du bist wieder da
mit Deinem grauen Anzug
und der Krawatte
den sauber geputzten Fingernägeln
und der schwarzen Aktentasche
die Schuhe noch schnell angespuckt
und abgewischt
und dann Dir nachwinken
und sich freuen
weil am Saum Deines Jacketts
die Wäscheklammer baumelt,
die ich Dir heimlich
mitgegeben habe
als Anhängsel
meiner
Liebe.

Heimweh

und dann sagt einer
weisst Du noch?
und wir alle ertrinken in Heimweh
weisst Du noch...
die Küche mit der alten Uhr
die Schürzentasche mit der Schokolade
und ach
Sophies Küsse am Morgen
die wie Ritterrüstungen
uns vor der Welt beschützten
bis zum Abend
weisst Du noch?
sagt einer
in einem unbedachten
Moment.

Merke: Schlamassel ist, wenn über Dir ne Wolke hängt, die sich permanent ausschüttet vor Lachen

Du kannst eine Schneeflocke sein

Du kannst eine Schneeflocke sein
wenn Du nur willst.
ein zartes
hexagonales
Kristallsystem
spiegelsymmetrisch
und schön
Eine Eisprinzessin im Tanzkleid
wenn Du nur willst.
Dreh Dich im Fraktalschritt
auf dem Sierpinski-Teppich
Sei Sufiflocke
Sei kleiner weißer Wirbel
wenn Du nur willst.
Du kannst eine Schneeflocke sein
und glücklich
wenn Du
eine warme Seele
findest
zum dahinschmelzen.

Wettervorhersage

und Gott schuf die Welt
ein grün, das hofft
ein blau, das sehnt,
ein rot, das liebt
und ein gelb, das sich lacht.
er hat sich
die Farben in sein Wasser getunkt.
Tipot jehudiot טיפות יהודיות
ein Malkasten voller Träume
ein Gebet mit bunten Flügeln-
sie fliegen davon
wenn es dunkelt,
die Wolken ihr weißes Versteck
bis es regnet.
die jüdischen Tropfen
sie
malen die Welt wieder an,
wenn das Grauen vorbei ist.
Sie malen
ein grün, das hofft
ein blau, das sehnt
ein rot, das liebt.
und ein gelb, das sich lacht.

wie man einen Golem füttert

man nehme drei Wortwuzeln
mit etwas Buchstabengewürz
rühre ein wenig Verzweiflung darunter
bis sie wie Hoffnung riecht,
alsdann
gebe man ein wenig Mond
in ein Schüsselchen
aus Gold
und schüttel die Mischung
zu einem Gebet.
Tanze dreimal um den Küchenstuhl
Iss einen Apfel mit Honig
Besprich den Mohn und den Mond.
für Dein Golembrot
Du musst es nicht backen
es wird von alleine warm.
dir.
Gib ihm nur einen Löffel davon.
in der Bahnhofshalle
Deiner neuen Stube
und dann warte
auf ein Wunder
in Dir
Deinem Golem.

MAL NOCH EINE RAKETE!

zum anderen Stern!

ich will mit einer Rakete fliegen
zu einem freundlichen Stern
dort will ich uns
Erdbeeren pflanzen
Zucchini und Seesterne.
tags will ich der Sonne
ein Lied singen
und nachts mit den Monden
Karussell fahren.
Planetenwolken
wärn unser Bett
auf diesem Stern
und die Sternbewohner
wärn unsere Freunde,
Nachbarn und Beschützer.
ich will mit einer Rakete fliegen
zu diesem freundlichen Stern.
die Erdbeersamen
hab ich schon besorgt.
Und auch die bunten Bretter
für unser Luftschiff.
Nun ich geh noch Zucchini kaufen
Seesterne und ein Karussell.
Schon morgen kann es losgehen,
wenn Du die Rakete baust.

YOM KIPPUR

Lass den Apfel
am Baum
Tauch mir lieber
die Menschen in Honig
dann sind sie süß
so dass im Buch des Lebens
die Seiten vor Glück aneinander kleben.
kein Mensch
wär mehr ein Mängelexemplar
kein Mensch
mehr allein
Buchstaben sind sich Hände
zusammen sind wir eine Geschichte
mit goldenem Ende
yom kippur

Hoffnung nennt man Hatikva

Aviv nennt man Frühling
und Vogel heißt Zipor
sie singen schon beinah
ihr Blumenlied
am Morgen im zarten grün.
Du kannst jetzt ein Schmetterling sein
wenn Du nur willst
Die bunten Flügel
sie sind da. Du musst nur
das Zauberwort sprechen
Hatikva...
und die Hoffnung erblüht
sich in die Lüfte.

mich mal gern haben

heut schreib ich ein Gedicht
es heißt:
ich habe mich gern
ich zähle auf,
was alles lieb ist an mir
und schön
die Liste ist lang
die Buchstaben groß
am Ende
glaub ich mir kein einziges Wort
deinetwegen.

was ich besonders gerne mag

den Geruch der warmen Straßen nach Sommerregen
Küsse, die nach Kaffee schmecken
große Nasen und Ohren
freundliche Gesichter
Wind, der aus Süden kommt
englischen Frühstückstee
bunte Farben
und Post von Dir

Abendgebet

Gott scheli,
der Tag war trüb
und trist diese Welt
sogar der Mond
verbirgt sich hinter Wolken
die weinen.
bang ist mir
beim Blick in die Zeit
elend und betrübt.
So viele Hamans
sind auferstanden
so viele Hamans
aller Couleur.
Gott scheli,
wie soll ich uns trösten?
Sei Ruach mir
und El Schaddai
tu so, als seist Du ein Gott
den es gibt.
zumindest für mich
in diesem
langen Moment
ohne Licht.

Baumkönige

Komm lass uns
über Bäume sprechen
mitten im heutigen Kalt
Komm hoch!
wir rascheln uns im Blättermeer
weit oben
da sieht man sich weit
und wird nicht gesehn
weit oben
da, wo nicht unten ist.
dort, in den Ästen,
wo man über allem thront-
Baumkönige sind wir.
komm lass uns
in den dünnen Zweigen,
durch Bäume sprechen
auf Papier
ein Gedicht
über die Freiheit
in Bäumen zu dichten...
beinah in Sicherheit.

Ode an die Zuversicht

wenn sie Dir
die Hoffnung klauen,
dann schreib ein

DROPSDEM

in den Schnee
und warte bis
der Frühling kommt.
Der Schnee wird schmelzen.
Dein trotzdem
blüht.

Die Leute sagen: Ein blindes Huhn findet auch mal ein Korn.

Die sollen nicht so einen Unsinn reden.

Es wär doch viel einfacher und schöner, dem Huhn einen gefüllten Napf immer an den gleichen Ort zu stellen. Man sollte sowieso immer freundlich zu blinden Hühnern sein. Die habens schon schwer genug!

Farbwechsel

mein Zimmer war grün
wenn er kam
und rot
wenn er ging
dabei hatte ich
die Wände
doch blau gestrichen

heiß

heut mag ich
um den heißen Brei
rumreden
und Dir Honig
um den Bart schmieren,
weil ich
nicht weiß,
wie man
ICH LIEBE DICH
in diplomatisch sagt.
Sag ichs direkt
droht die Gefahr
einer Eskalationsspirale
und das wär soooo uuuuuuuiiiiiii
also brauch ich
Andeutungen aus der Küche
um Dir zu verraten
wie heiß ich Dich finde...

Wolkenweg

ich setzte meinen Fuß in die Luft
doch sie trug nicht.
Sie trägt uns schon lange nicht mehr.
Also bind ich ein Seil
von Wolke zu Wolke
und tanze hier oben
im meertiefen blau -
als jüdisches Luftkind mit Vögeln
Leschana tova tikatev vetichatem
singen sie: die Wolken
sind süß, wenn man sie
mit Hoffnung anguckt...
Also schau in den Himmel!
ich tanze auf meinen Wolkenseil
Die Angst begleitet mich manchmal
-und auch der Zweifel, der mein Freund ist.
das schreibe ich mir
in mein eigenes Buch des Lebens
falls man vergisst, mich einzuschreiben.

Wolkengucker

Der Koala und ich sitzen auf einem Hügel.
Tags kann man hier Wolken gucken
und nachts Sterne.
Dort oben, zwischen Himmel und Erde
kann man beinah vergessen,
wie es da unten ist,
als Koala und als Jude.
Wir gucken Wolken.
"Schau, die Wolke sieht aus wie ein Vogel!"
 sag ich.
"Oder wie ein Engel!"
sagt der Koala.
"Das wäre dann aber ein Engel mit sehr schnabeliger Nase"
wende ich ein.
"Jedenfalls fliegt er sehr schön!" stellt der Koala fest.
"Was gäbe ich drum, wir könnten mit ihm davon fliegen!"
"Reine Zeitverschwendung. Die Erde ist rund und grad ist es
überall so."
Die Wolke verschwindet im Himmel und es wird Nacht.
Aber wir fürchten uns nicht.
Mein Koala hat mich und ich meinen Koala.

PS:

ich kann übrigens auch keine Raketen malen...

Inhalt